Jang Ha-Bin

시인 장하빈

# 봄 잠

### 장하빈

앉은뱅이책상에 엎드려 깜박 졸다
헝클어진 머리칼 속, 새집 지은 봄날
참새 한 마리
다락방 창문으로 날아 들어왔다

장하빈 시집

# 까치 낙관

시학
Poetics

■ 시인의 말

  중악中岳 공산公山에 깃들인 지 어언 다섯 해째를 맞는다. 오전엔 주로 다락방에 틀어박히다가, 오후 한 차례 동네 산책 나가는 게 나의 주된 일과다. 그날그날 화두話頭 하나 잡고 삽짝을 나서 아랫각단 윗각단 둘러보고 마을 입구 솔밭 구릉에 잠시 머무르다 돌아오는 것으로 길들여져 왔다.

  여기 묶인 '다락헌多樂軒' 시편들은 바로 이러한 소요逍遙와 묵상默想이 낳은 것으로, 집과 마을 안팎에서 마주치는 일상의 풍경이요, 자연의 숨소리에 귀 기울이는 생의 낙관落款이다.

2012년 8월
팔공산 다락헌에서

## 차례

■ 시인의 말
■ 작품 해설 | 유성호


## 제1부 하루

| | |
|---|---|
| 하루 | 15 |
| 매달린다는 것 | 16 |
| 주걱달 | 17 |
| 첫눈 | 18 |
| 안개 | 20 |
| 달의 수레바퀴 끌고 간 | 21 |
| 개 짖는 소리 | 22 |
| 고물장수 오던 날 | 23 |
| 집배원 오는 시간 | 24 |
| 저 햇살, 꽃나무 간질일 때 | 26 |
| 별개미취에게 | 27 |
| 사철나무 동안거冬安居 | 28 |
| 도둑눈 | 29 |
| 공작새와 놀다 | 30 |

## 제2부 숲에 감전되다

소나무 명상　33
숲에 감전되다　34
입산 금지　36
살피꽃밭　37
강설　38
눈보라 속에 투우사를 보았다　39
굴뚝은 수도승　40
빈 개밥그릇　41
사라진 숨구멍　42
자매정 설화　44
미내미댁 · 1　46
미내미댁 · 2　47
미내미댁 · 3　48

## 제3부 밥 손님

낙관  51
봄잠  52
밥 손님  53
까치의 봄날  54
찻잔 둥지  55
감나무 신접살이  56
똥까네야, 똥까네야  57
나는 개똥철학자  58
코 쟁기  59
입춘대길  60
상강 무렵  61
얼어붙은 입  62
천장 높은 집  63
벽난로 앞에서  64

## 제4부 능성동 종점

봄 편지 67
낮달 68
천지갑산 69
막다른 골목집 여자 70
그믐달 일기 71
곰배의 추억 72
쇠똥에 대한 기억 73
부지깽이 전언傳言 74
풍경 소리 75
달빛 허수아비 76
현기 스님 77
백안산장 이야기 78
능성동能城洞 80
능성동 종점 81

# 제1부
하루

# 하루

밥숟가락 들었다 놓는 사이
하루가 지나갔다

하얗게 피어난 밥 한 공기
시래깃국 말아 후루룩 넘기는
아침상 물리자마자

쪽문으로 들어온 이웃집 멍멍이
개똥 차반 차려 놓고 가는
따뜻한 저녁 맞는다

식탁 귀에 놓인 앉은뱅이달력
당기면 하루가 오고
밀치면 하루가 갔다

허공의 까치밥 쳐다보는 사이
한 생이 지나갔다

## 매달린다는 것

바람벽에 걸린 시래기 한 두름
섣달그믐 찬바람 속
바스러져 내리고

기둥머리 달랑대는 키 하나
쓰르람쓰르람
싸락눈 까부르고

매달린다는 건
저, 허공 속
적막의 둥지 하나 트는 일

언덕바지 다락집
그 아스라한 처마 끝 빙주氷柱처럼
나도 시詩에 매달리고

## 주걱달

　저녁 밥상 밀치고 창밖 내다보면 감나무 꼭대기 대롱거리는 까치밥
　처마 끝 새둥주리 속의 새 새끼 생각나는 한밤중, 오줌 마려워 뒷간 댕겨오다가 쳐다본 하늘엔 까치밥 온데간데없고 지붕마루 너머로 지는 주걱달

　먹감나무와 초가지붕 오르내리며 달과 숨바꼭질하던 옛적 허기진 달밤이 꼭 저랬습니다

## 첫눈


밤사이 사철나무 머리가 하얗게 셌다


눈 세례 받으며 눈부신 아침 마당 서성거리면
내 키는 한두 치가량 솟는다
목화송이 머리 장식하고, 풀 먹인 눈 밟고 서서


쉰 지난 나이에
배소配所의 적막 깃든 시린 눈밭에서
홀로 이렇게 수북해질 수 있다니!


망치가 가벼우면 못이 솟는다는데
이 순간
나는 가벼운 망치일까, 뾰족한 못일까?


몽당싸리비로 길바닥에 탑 어지러이 새기며 골목 꼬부라져 가는데
싸륵 싸르륵

목덜미에 등허리에 신발등에 고봉으로 쌓이는 밥

저 하염없는 눈발 속, 쌀목탁 치는 소리 들린다

## 안개

마을 앞 저수지 돌아 나와
앞산을 삽시간에 삼켜 버렸다

골목마다 떼거리로 몰려다니더니
감나무 까치밥 감쪽같이 사라지고
개 목걸이만 남아 빈집 지키고 있다

저 뿔난 짐승을 누가 풀어 놓았을까?

쟁그랍구나!
천지사방 떠다니는 젖은 혓바닥
목을 서서히 옥죄고

절해고도 갇힌 몸
석 달 열흘 오리무중이다

# 달의 수레바퀴 끌고 간

외양간 옆 감나무 가지에
달이 덩그러니 걸렸다
집 나간 송아지 찾아오라고
휘영청, 등불 밝혀 놓은 거다

한밤중 텅 빈 외양간에
달빛 주르르르 흘러들었다
이 집에서 늙은 저 달,
쇠잔등 타고 놀던 그때가 몸속에 사무쳤던 것

달은
코뚜레 꿰인 소의 그렁그렁한 눈망울 닮았다

그믐 지나 달그림자 보이지 않았다
어미 소가 달의 수레바퀴 끌고서
먼 길 떠나고 나서였다

# 개 짖는 소리

개 짖는 소리 들으면
누가 고갯마을 찾아오는지 알 수 있다
동네 사람인지 외지 사람인지
굵은 빗줄기 후두두 재 넘어오고 있는지
개 짖는 소리의 골짜기로
금방 가늠할 수 있다

꼬리 흔드는 개를 보면
마을 손님 어디쯤 돌아가는지 알 수 있다
청도원인지 먹감나무집인지
동구나무 그늘 우수수 빠져나가고 있는지
먼 발소리 듣고, 개는
꼬리로 신호를 보낸다

개 짖는 소리에 귀 쫑그리는 고개티 사람들
땅을 하늘처럼 섬기고 산다

## 고물장수 오던 날

감나무에 까치와 참새 와자하더니
확성기 매단 트럭 한 대 아랫각단 찾아왔다

고물 삽니다 고물!
TV 냉장고 세탁기 전축 컴퓨터 에어컨 삽니다
가정에 사용하지 않는 각종 고철이나 고물 삽니다
자전거 리어카 오토바이 보일러 탈곡기 경운기 삽니다

옳거니!
오늘은 창고 대방출이다

뒤안 보일러실로 급히 돌아가
해묵은 책 담긴 상자 끌어안고 나와
대문간으로 향하며 반혼잣말로 중얼거렸다

―이놈의 고물딱지 인간도 이참에 싣고 가구려!

## 집배원 오는 시간


선잠 든 골목 안으로 그는 부르릉거리며 달려온다

햇살 꽁무니 빼는 오후 늦은 시각에서
군불 지피는 연기 달래달래 마실 가는 저녁답 사이
내 귀는 문간 우편함에 걸려 있다

새집에 들앉은 새 새끼마냥, 먹이 물어 오는 어미 새 기다리는 것이다
어떤 날은 가랑잎처럼 둥글게 몸을 말아
또르르, 동구까지 오토바이 마중이라도 나가는 것이다

그저께 내린 폭설로 고갯길 막혀 고물장수도 얼씬없더니
오늘에야 한 소식 담아 능성마을길 찾아온 그는
집집마다 새해 복음 전해 주는 전도사다

옛 제자의 편지며 새로 나온 시집이며 온갖 고지서를 건네주고
가로등 막 켜지는 골목 모퉁이로 오토바이 꼬리 감출 때까지
나는 눈 바래기하거나 멍 때리고 서 있을 뿐

## 저 햇살, 꽃나무 간질일 때

저 여린 햇살, 꽃나무 겨드랑이 간질일 때
나도 돋을양지 속에서 움찔움찔 물러난다
한쪽 날개 다친 공작단풍 언저리 어슬렁거리다가
수도꼭지 문 호스 잡고 마구 흔들어 댄다

어쭈, 바지춤 내리고 마당에 냅다 갈기는
이 영락없는 오줌 줄기!
춤추는 물줄기 속으로 고추잠자리 떼 날아든다

애기수선 매발톱 각시붓꽃 두메달맞이 섬초롱
물벼락 맞느라고 다들 아우성인데

쪽문 열어젖혀 놓고
그해 겨울 강가로 간 아이와 바람개비는
감감무소식이다

## 별개미취에게

마른장마에 쓰러진 너를 업어다 안마당에 묻었다
하늘거리는 꽃대에서 폭죽 터뜨릴 때
박수갈채 보내고 싶다는 구절초 새 꽃말 떠올리며

소리 없는 불꽃놀이에 피고 지던 가을도 달아가고
꽃자루마다 볕뉘 거두어 간 무렵
편지봉투에 씨앗 받으며 꽃 피는 봄날 기약했다

삼동의 바람이 맷돌 깔린 마당 들쑤시고 간 뒤
언 땅속에서 새순 나기 시작했을 때
버들잎 닮은 너의 길둥근 잎 모양 보고
구절초가 아니라 별개미취라는 걸 비로소 알았다

별개미췬들 어쩌랴, 쑥부쟁인들 어쩌랴
지붕 위 종종걸음 치는 까치 발소리에 깨어나
마당 어슬렁대며 이슬과 햇빛 세례 함께 받는 것을
마디마디 꺾인 사랑 저만치 두고 별 총총 돋는 것을

## 사철나무 동안거冬安居


칼바람 속 서슬 푸르던 나무를 생각한다
시린 무릎 아래, 잔설 끌어다 덮고 있더니
이른 봄부터 푸른 각角 세우던 사철나무

골목 스치던 바람의 손짓도, 이웃과의 눈 맞춤도
저 고집통머리가 좀체 허락하지 않아
목 길게 늘인 채 먼산바라기 하며 봄날 허송했다

―내 일찍이 숨은 광기 드러내 본 적 있었던가?

울 너머 붉은 접시꽃 돋을 때까지
골목 쓸고 다니는 낙엽 발소리 들릴 때까지
세상 문 걸어 잠근 사철나무 앞에서 가위춤 추어 댔다

찬바람 드는 다락방 앉아 다시 곰곰 생각한다
저 사철나무에 땀과 노동의 시간 얼마나 바쳤는지
저 사철나무가 생장점 닫고 왜 깊은 묵상에 잠겼는지

# 도둑눈

 한밤중에 도둑괭이 다녀갔다. 사철나무 울타리에, 마당귀 놓인 맷돌에, 잔디 깔린 마당에 하얀 솜이불 널려 있었다. 첫눈이 왔어! 기다리던 우리의 첫날밤이 찾아왔다고! 침대 구석에 새우잠 자는 아내 흔들어 깨워, 잠옷 바람으로 마당에 뛰쳐나왔다. 한데, 이게 어인 일? 현관문 여는 소리에 놀라 달아났는지, 첫눈이 온데간데없어졌다. 아뿔싸, 목화송이 같은 첫날밤을 도둑맞았구나!

 허, 허깨비를 봤나? 재빠르게 누가, 솜이불 둘둘 말아 그새 도망쳤을까? 솜털 하나, 발자국 하나 남겨 놓지 않고서. 허둥지둥 마당 돌아다니며 눈 한 줌 뭉치려 바동거렸으나, 주먹손에서 주르르 흘러내리는 달빛, 달빛! 아내랑 시린 달빛 덮어쓴 채, 허수아비마냥 마당 한가운데 얼어붙고 말았다. 울타리에, 맷돌에, 마당에 하얗게 서린 보름달빛이 무명천지無明天地 비추고 있었다.

## 공작새와 놀다


 팔공산 동쪽 고개티로 신접살이 와, 마당귀에 단풍나무 한 그루 심었다. 봄 햇살 밀려오자 한 가지엔 청단풍이, 다른 가지엔 홍단풍이 매달렸다.
 돋을볕 속, 눈부신 날개 달고 뒷산에 올라 나무를 잘랐다. 쓸려 나오는 톱밥 향기에 취해 해종일 비틀거렸다. 마당 울타리 사이로 쭈그러든 저녁 햇살 죄다 빠져나갈 무렵, 단풍나무 가지 위로 솟대 덩그러니 세워졌다.

 아스팔트 지붕 뜨겁게 달구던 여름 한철, 단풍나무 솟대 아래서 공작새와 놀았다. 공작孔雀 날갯죽지에 묻어둔 둥글넓적한 돌매에, 그늘도 쉬다 가고 새들도 앉았다 가고 찻잔도 머물다 갔다.
 ─바담풍 바담풍
 때때로 저잣거리 쪽에서 불어오는 편서풍의 말씀들 귓등으로 들으며, 공작 서늘한 날개 속에 공작公爵처럼 앉았던 날들이 파란도 곡절도 없이 그렇게 흘러갔다.

제2부

숲에 감전되다

## 소나무 명상

해넘이에 긴 그림자 끌고 바람 산책 나왔다
솔밭 구릉에서 내려다보는 동네 풍경은 경이롭다

저기 오랜 당산 느티나무가 거느린 길과 집들
나도 높은 가지에 둥지 틀고 밤낮 움츠렸던가
지난겨울 모진 삭풍에 마을길이 좀 더 휘었다

숲에 안기면 세상 모든 그림자 사라진다
솔방울 귀에 달고 고요히 명상하는 소나무들
집과 무덤의 거리는 까치걸음 몇 발자국이다

오늘도 동네 한 바퀴 돌아와 여기 퍼질러 앉으니
바깥소식이 손바닥 안에 환히 들이비친다

## 숲에 감전되다

내 일찍이 숨겨 둔, 오래된 미래* 인 숲
비 그친 숲 거닐면
이마에 걸리는 거미줄

숲속 여기저기 전류가 흐르는 듯
온몸이 찌릿, 찌릿했다

이 고요한 숲속에도
덫을 놓고
내 목을 노리는 자가 있다니!

나는 반사적으로 목을 감싸며
숨구멍 열린 숲속 하늘 쳐다보았다

그러자, 희미한 발소리 들려왔다
풀덫에 걸려 산길이 내게로 와락 쏟아지던
기억 저편

까르르 자지러지던 조팝꽃과 함께

---
* 헬레나 노르베리 호지Helena Norberg-Hodge의 저서로, 대지와 함께하는 라다크인의 행복한 삶을 소개함.

## 입산 금지

등산로 초입에 펄럭이는 저 붉은 글씨
다람쥐가 써서 매달아 두었나

숨소리 가랑가랑 끊어질 듯 이어지는 산길 걷다가
굴참나무 아래 도토리 줍는다
는개 자욱이 몰려오는 산허리쯤에서
나는 자꾸 허방 짚으며
등산 조끼 주머니마다 볼록하게 채우다
하늘다람쥐와 눈이 딱, 마주치자
주웠던 도토리
도로 슬그머니 내려놓는다

## 살피꽃밭


저녁밥 짓는 연기 탈래탈래 돌아가는 골목길
눈에 자꾸 밟히는 꽃밭 있네
이 빠진 사발과 깨진 접시, 빈 술병과 찌그러진 깡통
집 나온 갖가지 살림살이, 돌담 아래 납작 엎디어
길과 빈터 아우르는 꽃밭 있네

꽃씨 뿌려 본 사람들은 끄덕이지
골목골목 등불 켜는 꽃밭 있어
이웃끼리 울타리 갖고 다투는 일 없는 것을
조붓한 길모퉁이 접시꽃 봉선화 살사리꽃 피고 지고
하늘과 땅, 빛과 소리의 경계 스러지는 것을

## 강설

고개티마을 첫눈 강림하고
개 짖는 소리 들린다

기우듬한 굴뚝에선
노인네들 기침 소리 새어나오고
뒷마당 장작더미에 쌓이는 끼닛거리
밥솥에 흰죽 끓어 넘친다

방고래로 불길 지나듯
골목골목 돌며 낡은 기억의 불씨 지피다가
죽은 당산나무 캄캄한 동굴 앞에 와
까치발로 서성대며 눈 툴툴 털어 낸다

눈 마중에서 돌아온 저녁은
발 꽁꽁 묶일까 봐
헛바퀴 자국 남기며 비탈진 골목 미끄러져 나가
동구 밖으로 차를 치운다

# 눈보라 속에 투우사를 보았다

밤사이 능성마을에 눈보라 휘몰아쳤다
귀마개 모자 덮어쓰고 눈만 내놓은 투우사들
골목으로 뛰쳐나와 사나운 눈발 맞선다
드르륵드르륵 넉가래 미는 소리
차르랑차르랑 삽날 다치는 소리
쓱싹쓱싹 싸리비질 하는 소리
눈 치우는 아침 골목은 '올레, 올레' 소리 넘쳐난다
―저, 영 너머엔 백 년 만의 폭설이라지요?
―이거 원, 간밤에 소마구 지붕이 작살났다네!
진달이 형님은 날리는 눈보라 쌍심지 켜듯 쳐다본다
눈 더미에 묻혀 아침 끼니도 잊은 눈사람들
붐비는 눈발 따라 한데 뭉쳐 다닌다
귀마개 모자 덮어쓰고 눈만 내놓은 투우사들
눈보라 성城 허물며 데구루루 굴러간다

## 굴뚝은 수도승

허물어진 행랑채 비스듬히 기대서서
밥 짓는 연기 느릿느릿 골목길 돌아나가는
묵상하는 시간의 긴 꼬리 본다

끼니때마다 이 골짝 가득 흘러넘쳤을 밥물
가마솥에 끓던 쇠죽 냄새 다 어디 가고

역병이 돌아, 역병이 돌아
한 집 건너 빈집
군불 지피던 저녁 풍경도 가물가물 사라지고
사라진 연기 따라 눈물도 바짝 말랐다

능성마을회관 부서진 문짝으로, 저 혼자 타들어 가는 석양볕

## 빈 개밥그릇

 산동네 구름 죄다 마당에 불러들인 빈집, 빈 개밥그릇 지키는 개 한 마리 제 그림자 물고 빙빙 돌고 있다.

 몇 해 전 바깥주인 세상 뜨자 남은 가족들 새 아파트 둥지로 옮겨 가고 적막한 그늘만 수북이 쌓여 가는 마당 한쪽, 지은 죄도 없이 쇠고랑 차고 옥살이하는 저 견공!
 첫해는 주말마다 가족들 면회 오더니, 이듬해부턴 바람과 서리와 비와 이슬이 번갈아 담 넘어와 빈집털이 하고 갔다.
 허, 우리네 상팔자 와 이리 되었는고?
 언덕배기 돌아앉은 누옥에 거처하는 스님 한 분, 성긴 눈발 데리고 와서 개밥그릇 채워 주며 허공중에 화두 던지고 갈 뿐.

 흰 옷자락 펄럭이는 눈보라 스칠 적마다 꼬리 치며 오체투지 다가서는 저 수행자, 오늘도 빈 개밥그릇 요리조리 굴리는 중이다.

## 사라진 숨구멍

 동네 어귀 갈림길에 아름드리 느티나무 서 있었습니다.

 터줏대감 김 노인 갑자기 세상 버리자, 이듬해부터 새잎 달지 못하고 행려병자처럼 시름시름 앓기 시작했습니다.

 진눈깨비 오던 날이었지요. 온 동네 집어삼킬 듯 포클레인 밀고 들어와 돌무지 헤치고 난리 치더니, 당산 지키던 느티나무 뿌리째 뽑혀 덤프트럭에 실려 가고 말았습니다. 수백 년 살아 숨 쉬던 마을 숨구멍이 삽시간에 사라진 게지요.

 밤마다 잦은 눈보라 속, 느티나무 혼령이 마실을 돌아다녔습니다.
 ─저, 천하에 몹쓸 것이 농사일 마다하고 향리도 버린 그놈이여! 전답 팔아넘기려고 지 애비 독살시킨 거여!

 꿈자리 어지러운 새벽녘, 자국눈 밟으며 골목 빠져나와 느티나무 서 있던 우멍한 자리에 까치발로 서성거렸지요. 눈 속에 허옇게 말라죽어 가던 느티나무, 그 수만 가지 움켜잡고 있던 허공이 덜컹 내려앉았습니다.

## 자매정 설화

 동네 우물가 찾아오던 낮달을 몰래 품은 두 처녀가 한솥밥 먹고 자랐답니다.
 길영이와 보영이란 쌍둥이 자매인데요, 눈만 뜨면 정자나무 아래 우물터에 빨랫감 함께 날랐지요. 보영 아기씨는 우물질하고 길영 아기씨는 빨래 퍽퍽 치대었지요. 그러다가 서로 힘찬 방망이질로 숨이 턱에 닿을 때면, 하얀 빨래는 거지중천 둥둥 떠다녔지요. 구름 사이로 낮달이 씨익 웃어 보일 때마다, 쌍둥이 자매의 볼우물도 점점 깊어졌고요.
 하루는 길영 아기씨가 마실 간 사이, 보영 아기씨 혼자서 낮달 만나러 하얀 고무신 품고 우물가로 나왔지요. 깊은 우물에 빠진 낮달 건지려다 그 속에 언뜻 비친 낯익은 두 그림자 보았지요. 아뿔싸! 가랑잎 오소소 흩날리는 정자나무 꼭대기에 떡하니 걸터앉은 낮달과 길영 아기씨가 낯 뜨거운 짓거리하는 게 아니겠습니까?
 그 뒤로 보영 아기씨는 천 길 우물 속으로 두레박 줄 타고 내려가고, 길영 아기씨는 정자나무 가지에 빨랫

줄로 목을 매었다는 소문만 무성했지요. 우물 언저리 흐르던 낮달의 미소도 영영 사라지고 말았습니다.

 훗날 우물 메운 그 자리에 '姉妹井'이라 새긴 빗돌 하나 놓이고, 정월 대보름 커다란 달집 속에 당산제 지내는 허연 옷자락만 훨훨 타오릅니다.

# 미내미댁 · 1

막내아들한테 얹혀 지내다가
당신 종갓집 밑자리로 되돌아가는 울 오매
뒷좌석에 오르자마자 모로 돌아눕더니
칠곡휴게소 지날 무렵
미내미 멀었냐 높은다리 지났냐
가쁜 숨 몰아쉬며 외갓동넬 자꾸 캐묻는
아흔세 고개 훌쩍 넘긴 울 오매
갓 스물에 인동 장씨 문중으로 꽃가마 타고 와
다섯 남매 키우느라 곱사등이 되도록
관향의 논두렁 밭두렁 여태 아니 잊었던가
빈 짚둥우리 같은 몸 안아서 아랫목에 누이자
아이고, 우리 아부지! 우리 어무이!
백발성성한 큰아들 큰며느리 부여잡으며
참았던 울음 왈칵 쏟아 냅니다

그래요, 질은 질대로 가는 법이지요
바로 거기가 어여쁜 당신 숨결이
햇살이랑 바람이랑 무시로 들락거리던
동구 밖 정자나무 환한 동굴인 걸요

## 미내미댁 · 2


눈뜬장님 된 지 이태
발소리로 자식 알아채는 울 오매
올 설날엔 세배도 안 받겠다며
어린 증손녀 기저귀 꿰차고 천연덕스레 누워
지장보살 지장보살
굳은 손마디로 백팔 염주 굴리며
새해 덕담 한 대접 담아냅니다

시상에! 징그러븐 게 모진 명줄이라
서방귀신 뭐하는지 몰라
지집 생겼나, 와 퍼뜩 안 데려가나?

해 저물면 적막한지, 방문 활짝 열어 두고
희미한 알전등 아래 가랑가랑 주무시다가
애야, 삽짝문 댕겨 놓았냐
쌍개미 할애비 제사 한 댓새 남았냐
발칫잠 자는 맏아들 시시때때로 불러
당신이 떠날 기미 조곤조곤 일러 줍니다

## 미내미댁 · 3

누워 계실 땐 혈육 알아보다가
아랫목 앉혀 놓고 밥숟가락 입으로 가져가면
애고, 그 뉘 손인지 참말로 고맙구랴!
깜박깜박 기억 놓치시던 울 오매
꽃 피는 봄날 댕기러 다시 오마!
아들딸 며느리에게 슬픔 꾹꾹 쟁이고는
온몸에 고깔 장식한 채 꽃상여 타고
어허이 어허 어허넘차 어허
꽃비 속으로 홀연히 떠나가신 울 오매
살구꽃 복사꽃 피어도 그놈의 치매에 걸려
돌아오는 길 영영 잃고 말았습니다

어저께는 울 오매 무덤가 찾았더랬지요
아름드리 도래솔 잘라 매만지고 다듬어
앉은뱅이탁자 하나 만들었답니다
얘야, 육신이 지치거들랑 산으로 가거라
그 심경 잊지 않으려 거실 한가운데 모셔 두고
소나무 숨결 무늬 어루만져 봅니다

# 제3부
# 밥 손님

## 낙관

  오늘 까치가 날아와 유리창에 입맞춤하고 갔다. 우리 집 거실창 안에 환히 들이비친 감나무 앉으려다 날개 부딪친, 저 하얀 비명!
  얼마나 콩닥거렸을까? 엉겁결에 까치는 대문간 드리운 소나무 올라앉아 놀란 가슴 쓸어내리고 동구나무 쪽으로 날아갔다.

  내 어찌 모를까? 저 눈먼 새가 제집 잘못 찾아온 게 아니라, 이 몹쓸 것이 숲속 옛 둥지 차지해 남쪽으로 창 하나 걸어 두고 사는 것을. 한데 또 어쩌랴! 저 가여운 새가 유리창에 쿡! 몸도장 찍어, 공산에 깃들인 내 생의 진경산수화 완성하는 것을.

## 봄잠

앉은뱅이책상에 엎드려 깜박 졸다
헝클어진 머리칼 속, 새집 지은 봄날
참새 한 마리
다락방 창문으로 날아 들어왔다

## 밥 손님

아침밥 지을 때 참새와 까치 감나무 앉았다 가고

점심밥 지을 때 바람과 햇살 안마당 졸다 가고

저녁밥 지을 때 노을과 어머니 울타리 맴돌다 간다

## 까치의 봄날

 감나무 솟대 올라앉은 저 까치들, 햇살이랑 바람이랑 얼마나 물어 날랐을까?

 동쪽 가지 앉으면 동쪽 손님 재 넘어오고, 서쪽 가지 앉으면 서쪽 손님 물 건너왔다. 먼동에 날아오면 밥 손님 찾아오고, 해넘이에 날아오면 잠 손님 다녀갔다

 까치 앉았다 떠난 자리마다 눈부신 깃털, 그네 타고 하늘하늘 내려와 마당귀 돌탑으로 쌓여 갔다


 세상 붉은 먼지 물어다 허공에 절 한 채 지었다 허무는 봄날

## 찻잔 둥지

가을 햇볕에 말린 탱자차 끓이는 동안
다락에 올라앉으면
눈썹에 뜨거운 이슬 맺힌다

새 한 마리 어디서 왔는지
휘파람 불며 허공을 날기 시작한다

온 집 안에 차 우려내는 내음 진동하고
탱자나무 가시에 찔려 죽은 어린 새 깃털 하나
공중 파도타기를 하는 것이다

눈 깜짝할 새,
코앞에 물어다 놓은 둥근 찻잔 속
따스운 알 품고 간 새 발자국 찍혀 있다

## 감나무 신접살이


앞집 감나무가 울타리 곁에 신접살림 차렸다
새순 나고 감꽃 필 때 울안을 기웃거리기도 하고
매미 울음소리 그늘 한 짐 안마당에 부려 놓더니만
홍시 한 채반 이고 창 앞에 떡하니 서 있는 저 식솔

밥풀레야!
재 너머 사람들 불러와 둥주리감 눈잔치하세
감잎 치우느라 바람 몰고 다니는 아내 채근했다
경운기에 실려 불로동 장터로 팔려 가면 어떡한담?
허공에 까치밥 남겨 놓고 재넘이에 떨고 있을 저 식솔

내일은 꼭, 돈냥이나 들고 감나무 흥정하러 가야겠다

## 똥까네야, 똥까네야

햇살 속에 퍼질러 앉은 눈부신 아내가 멸치 똥 깐다
'아침마당' 흘러나오는 텔레비전 앞에 신문지 깔아
멸치 대가리 떼고 몸통 갈라 까만 똥 꺼낸다
뻐꾸기가 열두 점을 치고 제 둥지 속으로 들어가고
수북이 쌓여 가는 멸치 똥과 햇살 부스러기
오늘 점심상엔 멸치국물 우려낸 햇살국수 오르렸다

아내는 기지개를 켜거나 허리 젖혀 창밖을 본다
감나무 가지마다 점점이 붉은 홍시 헤아리다 말고
괜스레 눈시울 적시는 것이다
그럴 때마다, 다락방에 진을 치고 있던 나는
가파른 계단 오르락내리락하며,
멸치 똥무덤 속에 한나절 파묻힌 아내더러
똥까네야! 똥까네야!
정다이 불러보는 것이다

# 나는 개똥철학자

이웃집 개가 안마당에 개똥 한 소반 들이고 갔다
—파리 떼 새까맣게 달겨든다구요
이른 아침부터 아내는 똥 치우라고 호들갑이다
—감잎 한 장 덮어 놓으면 될 텐데
잠결에 대꾸해 보지만
산동네로 도망쳐 와, 빈둥거리는 내가 못마땅해서
빈 난리 치는 줄 왜 모르겠는가?

그러나 아내여!
개똥밭에 굴러도 이승이 낫다네
한낮엔 채마밭 가꾸고 달밤엔 다락방 뒹구는
이게 바로 개똥참외 같은 우리네 살림 아니겠는가?

# 코 쟁기

뙤약볕 아래 등줄기
고추 가지 오이 호박 함께 타들어 가는데
후두두두 떨어지는 빗방울

산돌림하며 몰려오는 소나기 떼
허둥지둥
채마밭 뛰쳐나와 다락으로 숨어들었다

호랑이목침 베고 큰 대자로 드러누워
허공의 파리 쫓다 말고
콩 타작하는 마당의 빗소리 들으며
한잠 청할 때

드르렁 드르르렁 구들장 떠메고 가는
팔만 이랑 갈아엎던 아버지 쟁기질 소리

## 입춘대길

1
'立春大吉'이라 문지방에 써 붙인 아침
마당 여기저기 돋아난 서슬 퍼런 서릿발,
살아생전 아버지 준엄한 말씀 같아서
울타리 돌며 발바닥에 새겼다


2
 저 아래 청도원 사람들, 몽당비 동여맨 장대 들고 지붕에 올라가 감나무 꼭대기 까치집 헐어 내느라 야단법석 떤다
 묵은 세간 거둬들여 하늘 대청소하는 중?

 ─까악, 이 얼어 죽을!

 눈 시린 저 가지 끝, 까치 두 마리 해종일 맴돌았다

## 상강 무렵


첫서리 내린 뒷마당에 무가 어지러이 널렸다

―어허, 하늘에서 떨어졌나? 땅에서 솟았나?

시퍼런 무청 덥석 잡아 한입 베물 때
뒷집 윤 씨 영감 삽짝으로
무 한 바리 실은 경운기 털털털 돌아 들어갔다

싸락눈 내리기 전,
장독대 곁에 무 구덩이 파묻고
찬바람 들지 않게 짚단모자라도 씌워 놓아야겠다

## 얼어붙은 입

아내 혼자 집 지키던 밤
지붕마루 타고 가는 세찬 바람 소리
천장이 울고
짐승의 애잔한 울음 들렸단다

아내는 손전등 켜고 집 안팎 드나들며
문손잡이란 손잡이 죄다 걸어 잠그고
화등잔만 해진 눈으로 뜬 밤 지새웠다

화투판 펼치다 파리한 얼굴로 돌아온 아침
한데 수도꼭지 입이 꽁꽁 얼어붙고
현관문 손잡이에 손이 쩍쩍 달라붙었다

이불 속에도 한파가 밀려온 걸까?
개수대 물방울 떨어지는 소리에 잠 설쳤는지
아내의 입술, 젖꼭지, 새끼발가락이
파랗게 얼어붙어 있었다

# 천장 높은 집

허구한 날, 높다란 천장만 쳐다보다가
목 부러질 뻔했던 날도 있었다

다락방 창문으로 심심한 햇살 쏟아지고
컴컴한 벽난로 곁에는
두루마리 화장지가 낡은 태엽처럼 감겨 있다

―천장이 높으면 상상의 거미줄 치는가?

혼자 집 지키는 날은
목조 벽 내지르는 외마디에 가슴 덜컹 내려앉다가
지붕 위 쫑쫑대는 까치 발소리에 귀 쑥쑥 자란다

## 벽난로 앞에서


해종일 집 안에 붙박여 면벽참선面壁參禪 중인
저 꼬락서니!

장맛비 흘러들어 굴뚝의 입을 아예 봉해 버린 탓일까,
한겨울 꽃 피우던 기억의 불씨도 사그라들었다

연기가 밖으로 빠져나간다는 건
빗물 또한 내부로 스며들 수 있다는 것,
불길과 물길은 한통속 아닌가?

눅눅한 시간 언저리마다 찬 공기 새어나와
문풍지처럼 바르르 입술 떨다가도
빈주먹 쥐었다 폈다, 불 쬐는 시늉하다 보면
마당 빗소리에 젖은 몸 타닥타닥 타들어 가는 것이다

제4부
능성동 종점

# 봄 편지

오늘도 서간체로 흘러가는 금호강 굽어보네
기다란 강줄기 구부렸다 폈다, 낯 붉어져 돌아와
만 년 동안 쌓인 눈 녹아 그대에게로 흐른다고
먼 마을 불빛 끌어다 물결 위에 편지를 쓰네

풀린 강물에 손등 적시자 비파 소리 흘러나왔네
풀빛 밴 강둑길을 빈 수레 끌고 탈탈탈탈 걸어와
갈잎 스치는 모래톱 주저앉아 그대 기다릴 때
젖은 옷 말리는 사이, 강물 십 리나 달아났네

# 낮달

흰 고무신 신고

탁발 가는

저, 홀쭉한

동냥자루 하나

# 천지갑산

신발 끈 매고 삽짝 나설 때 천지간에 다가오는 山
가쁜 숨 고르며 산길 쉬어 갈 때 옆자리 척 걸터앉는 山
싸늘한 도시락밥 펼쳐 놓을 때 떡갈잎 떨구는 山
저물어 집으로 돌아올 때 저수지 속으로 갈앉는 山
발 씻고 저녁 밥상머리 앉을 때 울컥 치미는 山
에굽은 꿈길 허위단심 걸어갈 때 가슴 허무는 山

아, 천지갑산天地甲山 몸 바뀐 어머니!

## 막다른 골목집 여자

파란 대문 열어 놓고 손톱에 봉숭아 꽃물들이던
달구어진 골목길 서성대며 그림자밟기 놀이하던
어깨 나려앉은 은행잎으로 사랑의 기쁨* 연주하던
하얀 배꼽 톡, 건드리면 언 달빛 바스러지던
그 막다른 골목집 처녀

오늘은 고갯마루 종점에 나앉아 병나발 부네
쓰러진 소주병 틀어쥐고 흐늑흐늑 울고 있네

---

* 프리츠 크라이슬러Fritz Kreisler의 바이올린 연주곡.

# 그믐달 일기

1
자루 빠진 호미 하나
감나무 가지 걸려 있다

주정꾼 영감탱이 담 타넘는 새벽녘


2
한때는 달덩이라 불리었으나
새벽 찬 서리 맞아
반의 반쪽이 된 몰골

허공 떠돌다 지쳐 돌아온
집도 절도 없는
저 거렁뱅이

긴 손톱으로 다락 창문 긁고 있다

## 곰배의 추억

낡은 기억의 사다리 타고 담배 창고 내려가면
거미줄에 걸리어 파닥이던 먼지들

새앙쥐처럼 들락거리며
잎담배 말아 물고 공중으로 연서 띄우던
아, 빛도 소리도 숨죽인 몽롱한 날들

곰배야
아직도 구석에 옹크리고 앉아 있구나

소꿉놀이 시절, 내 사랑의 은신처요 환한 통로였던
바로 거기

# 쇠똥에 대한 기억

이웃집 골목에 쌓여 가는 저 쇠똥 무덤,
쇠똥에 미끄러지던 추억도 지푸라기처럼 말라 간다
골목 빠져나온 바람, 쇠똥 냄새 한 삼태기 퍼 날라
이웃들에게 골고루 나눠 준다
—쇠똥처럼 살거라
할머니 등 굽은 말씀도 실려 온다
수돗물 먹고 자란 아내는, 비 오는 골목을 억만 진창으로 만드는
축축한 거름 자리에 진저리 치기도 한다

볕 좋은 오후, 나는 마당귀에 쭈그리고 앉아
그 구수하고 말랑말랑한 시간 속으로 빠져든다
마른 쇠똥에 불붙여 빵 굽는 냄새 맡거나
바알갛게 구운 쇠똥으로 부스럼 자리 갖다 대며
쇠똥처럼 나도 세상의 약이 되어 잘도 굴러왔는지
따가운 볕 속에 반추하는 것이다

## 부지깽이 전언傳言

아궁이에 군불 지피면 안다
불길과 연기 내통하는 길 있다는 것을
참나무 장작 꾸역꾸역 밀어 넣으면 안다
구들장 아래 방고래로 불길 보내기 위해서
때때로 바닥에 엎드려 눈물 쏟아야 한다는 것을

방 아랫목 싸늘해진 새벽녘 깨어나
캄캄한 아궁이 들여다본다
산다는 것, 이렇게 검게 속 태우는 일이거나
불구덩이 뛰어들었다가 연기처럼 사라지는 일이라며
산더미처럼 쌓인 죄罪 푹푹 퍼 담는다

# 풍경 소리

꼭두새벽 잠에서 깨어나
마당 서성대며 별자리 찾는다

황소자리 오리온자리 양자리 물병자리
동쪽 하늘로 떨어져 나온 물고기자리
처마 끝 매달려 지느러미 파르르 떨고 있다

허공에 내친 말이 가슴 언저리 상처로 돋아나
뎅그렁뎅그렁 먹통울음 우는 것을
밥통 덜어 내기 전엔 왜 몰랐을까

거짓부리끼리 만나 목석간장 어우러지는 날은
난데없이 새벽잠 설치고
저 울음소리에 소스라치듯 깨어나
무릎 꿇고 바라밀경 독송한다

# 달빛 허수아비

손전등 비추며 으스름 골목 나서다가
저기, 허위허위 춤추며 가는
달빛 그림자 밟은 적 있는가?

파리한 목숨 같은 소월리 불빛
헤치며 날아오르고
새 떼 사라진 논가에 십자가로 박혀 있는
허수아비, 그 달빛 춤사위

전신줄에 걸린 바람의 긴긴 소맷자락
외마디 비명 들리고
달빛 칭칭 동여맨, 목 잘린 가로수마다
파르르 떠는 입술, 입술들

재넘이 부는 능성고개 넘어오다가
달빛 소릿재에서 구르는
가랑잎 따라가 본 적 있는가?

# 현기 스님

그해 크리스마스에 절로 납시라고 엽서 보내온 스님
눈 내리는 버스 종점에서 하얀 털모자 기다리던 스님
시국 이야기에 고개 저으며 품속 시집 꺼내던 스님
바랑 걸머진 채 '가보세' 술집 함께 드나들던 스님
민중, 민중 부르짖다 투옥되고 영영 무소식이던 스님

하 수상한 시절 지나 능성마을길에서 마주쳤네
동구 밖 주막에 먼동 틀 때까지 달빛 술잔 부딪쳤네

## 백안산장 이야기


 배 안쪽 닮아서 '배안舟內'이라 불리다가 몸속에 부처 지니어 '백안白安'이 되었다는 마을, 그 어귀에 '백안산장'이라는 흰 돛배 한 척 정박해 있었다.

 돛대 허리쯤에 매달린 외제 자동차 장식이 굳이 아니더라도 십 리 안에서는 제법 근사한 현대식 숙박업소로 뭇시선을 끌었다. 안개비나 눈보라 속, 동화사와 갓바위 갈림길에서 길손들의 이정표가 되어 주기도 했다. 나도 한번은, 관봉석조여래불 만나러 갓바위 느지막이 올랐다가 날 저물어 저곳에 돛을 높이 달고 하룻밤 묵어갔다.

 어느 날 주차장 입구에 '백안모텔' 보조 간판 내걸리고 만장輓章 펄럭이자, 모텔 천장 구경하러 뜨내기 손님 들락거리기 시작했다. 제 밥그릇에 물을 따라 마시면 본처 그늘 벗어나지 못한다는 걸 눈치챘는지, 저 산장에는 물컵 따로 챙겨 들고 밤낮없이 갈증 풀러 찾아오는 단골들로 이어졌다.

 동화사나 갓바위 부처 품고 사는 마을 '백안白安'은, 흰 돛배 거느리던 '배안舟內'에서 눈과 배꼽 맞추

러 오는 '배안腹內'으로 그 유래가 곰븨님븨 바뀌어 갔다.

## 능성동能城洞

소나무 성城으로 에워싸인 고개티마을
예비군 훈련장에서 울리는 저 잇단 총성
북장구 소리 세마치장단으로 들리네

햇살과 구름은 몸이 머무는 집과 울타리
천둥과 바람은 혼을 울리는 징과 꽹과리
까막까치 떼 날아올라 잿마루 활공하네

오늘 또 저 흥겨운 장단에 솟는 상현달
그 누가 활시위 당기며 고개턱 넘어오나
한데아궁이 불 지피느라 아내 손 분주하네

# 능성동 종점

 번개와 천둥 잦아드는 고갯마루, '팔공1' 막차 기다리는 사이 '하양1' 버스가 괴나리봇짐 진 노인네 몇몇 내려놓고 뭉그적뭉그적 돌아나간다.

 십구공탄처럼 활활 타오르던 문청文靑 시절, 시내버스 뒷자리 앉아 온종일 덜컹대다가 변두리 종점에 가 닿았던가? 찬바람 새어 드는 아리랑여인숙 외딴방, 그 머리맡에 놓여 있던 우그러진 주전자와 포개진 신짝이여! 낡은 바람벽에 눈보라 몰아치고, 싸륵 싸르륵 문살 갉아먹는 소리 들으며 사랑한다 사랑한다 사랑한다 긴 밤 하얗게 밝히던 어지러운 낙서여!

 종점! 나직이 중얼거려 보는 이 유폐된 시간 풍경 앞에 는개 몰려오고 가로등 젖은 불빛 파닥이며 날아오르는, 그 아련한 추억의 귀소歸巢.

■작품 해설

# 기원과 궁극을 사유하는 벽지의 시학
— 장하빈의 시세계

유 성 호

(문학평론가 · 한양대 교수)

## 1. 벽지에서 얻어 가는 새로운 사유와 감각

장하빈 신작 시집 『까치 낙관』은, 그가 "소요逍遙와 묵상黙想"('시인의 말')의 공간으로 택한 산중에서 그날그날 보고 듣고 상상한 구체적 실감을 정성스런 형상과 화폭으로 담아낸 단아한 결실이다. 시인은 벌써 다섯 해째 접어드는 벽지僻地 생활을 통해, 불혹 넘어 시작한 시작詩作 생활을 더욱 심화하면서 새로운 사유와 감각을 얻어 가고 있다. 이번에 펴내는 두 번째 시집은 "쉰 지난 나이에/ 배소配所의 적막 깃든 시린 눈밭에서/ 홀로 이렇게 수북해질 수"(「첫눈」) 있다는 경험을 적극 담아내면서, 온갖 자연 사물들과 "마당 어슬렁대며 이슬과 햇빛 세례 함께"(「별개미취에게」) 받는 생활을 그 안에 빼곡하게 들여놓고 있다. 그 벽지의 사유와 감각이 농울치는 다음 시편을 먼저 읽어 보자.

> 밥숟가락 들었다 놓는 사이
> 하루가 지나갔다
>
> 하얗게 피어난 밥 한 공기
> 시래깃국 말아 후루룩 넘기는
> 아침상 물리자마자
>
> 쪽문으로 들어온 이웃집 멍멍이
> 개똥 차반 차려 놓고 가는
> 따뜻한 저녁 맞는다
>
> 식탁 귀에 놓인 앉은뱅이달력
> 당기면 하루가 오고
> 밀치면 하루가 갔다
>
> 허공의 까치밥 쳐다보는 사이
> 한 생이 지나갔다
>
> ―「하루」 전문

단순하기 그지없는 빈둥거림의 시간이 그의 하루를 속속들이 채우고 있다. 그의 하루는 무위와 무심함으로 충실하게 흘러간다. 그야말로 '찰나'라고 명명 가능한 "밥숟가락 들었다 놓는 사이"에 지나가 버린다. 또한 하루는 '밥'에 대한 상상력을 따라 흘러가는데, 밥 한 공기 국 말아 넘기는 아침상에서 따뜻한 저녁상까지의 시간이 금세 지나간다. 앉은뱅이달력을 당기면 왔다가 밀치면 가는 하루하루가 쌓이는 동안, 시인은 "허공의 까치밥 쳐다보는 사이"에 "한 생"이 지나갔다고 노래한다. 세상의 번쇄에서 멀찍이 벗어나 자연 친화와 느림의 미학을 택한 그의 구도적 시법詩法이 환하게 다가오는 순간이 아닐 수 없다. 이렇게 허물없이 흐르는 하루야말로 장하빈 시인이 추구하고 형상화하려는 새로운 사유와 감각의 충만함이 반영된 시간일 것이다. 그 안에서 그의 시편은 한결 더 깊어진 사유와 감각을 보여 준다.

> 바람벽에 걸린 시래기 한 두름
> 섣달그믐 찬바람 속
> 바스러져 내리고
>
> 기둥머리 달랑대는 키 하나
> 쓰르람쓰르람
> 싸락눈 까부르고
>
> 매달린다는 건
> 저, 허공 속
> 적막의 둥지 하나 트는 일

> 언덕바지 다락집
> 그 아스라한 처마 끝 빙주氷柱처럼
> 나도 시詩에 매달리고
>
> ―「매달린다는 것」 전문

일찍이 백석 시편 「흰 바람벽이 있어」에서 스크린으로 쓰여 가난하고 외롭고 높고 쓸쓸한 언어의 장場이 되어 주었던 '바람벽'이 시래기 한 두름을 매달고 있다. 섣달그믐 찬바람 속에 바스러져 가는 시래기와 싸락눈 까부르는 키를 유비적으로 바라보면서, 시인은 자신의 삶도 저렇게 허공 속에 둥지 하나 트고 살아온 생애임을 고백한다. 아니 허공 속에 지은 "적막의 둥지"가 바로 자신이 매달려 온 '시詩'라고 비유한다. 자신이 살고 있는 "언덕바지 다락집" 처마 끝에 아스라하게 매달린 고드름처럼, 오로지 '시'에 매달린 자신의 실존을 고백하는 순간, '매달린다는 것'은 공간적 행위에서 실존적 행위로 몸을 바꾼다.

이처럼 장하빈 시인은 깊은 산중에서 오로지 '시'를 통해서 존재 전환을 꿈꾸고 있다. 그리고 일상적이고 물리적인 현실을 벗어나 전혀 다른 차원으로 존재를 옮겨 가려 한다. 그 격절의 공간에서 이루어지는 시적 경험들은, 섬세한 상상력을 통해 자연 사물로 그 권역을 넓혔다가 다시 자기 자신으로 회귀하는 일관된 과정을 밟아 간다. 그럼으로써 "하늘과 땅, 빛과 소리의 경계 스러지는"(「살피꽃밭」) 곳에서 궁극적 자기 발견을 욕망하게 된다. 그래서 시인의 목소리는 시종 내밀

하고 잔잔하지만, 단단하기 그지없는 깊이를 언어 뒤편에 숨기고 있고, 그 깊이를 언덕바지 다락집에서 구현해 가고 있는 것이다. 애잔하고 아름답다.


2. 자연 사물들을 통해 듣는 심미적 비의秘義

우리가 잘 알듯이, 사물을 규율하는 속성들은 세월의 풍화를 겪으면서 차츰 소멸되어 간다. 하지만 한편으로 그러한 소멸 과정은 또 다른 생성을 준비하는 불가피한 단계이기도 하다. 아니 모든 소멸의 안쪽에 생성의 기운이 충실하게 잉태되고 있는 것이라고 하는 편이 옳을 것이다. 이러한 소멸과 생성의 이중주를 통해 모든 사물들은 고립된 단독자單獨者가 아니라 서로의 몸에 각인되는 상호 결속의 존재로 서게 된다. 장하빈 시인은 오랫동안 익숙해져 있던 도시의 소음과 번잡을 피해 낯설기 짝이 없는 벽촌의 여유와 느림과 고독을 택하였지만, 여기서 마주치는 모든 사물들의 소멸과 생성의 과정을 통해 사물들의 상호 공명하는 과정을 알아 간다. 산중의 격절 공간을 방법론적 은유로 삼아 정신적 고처高處를 탐색하는 것이다.

> 해넘이에 긴 그림자 끌고 바람 산책 나왔다
> 솔밭 구릉에서 내려다보는 동네 풍경은 경이롭다

> 저기 오랜 당산 느티나무가 거느린 길과 집들
> 나도 높은 가지에 둥지 틀고 밤낮 움츠렸던가
> 지난겨울 모진 삭풍에 마을길이 좀 더 휘었다
>
> 숲에 안기면 세상 모든 그림자 사라진다
> 솔방울 귀에 달고 고요히 명상하는 소나무들
> 집과 무덤의 거리는 까치걸음 몇 발자국이다
>
> 오늘도 동네 한 바퀴 돌아와 여기 퍼질러 앉으니
> 바깥소식이 손바닥 안에 환히 들이비친다
> ―「소나무 명상」 전문

 일찍이 낭만주의자들은 '숲'을 양도할 수 없는 성소聖所로 묘사하고 '숲'의 신비로운 소리를 통해 신성神聖에 가닿으려 하였다. 그때 자연 사물들은 한결같이 어떤 시원始原의 상태를 담은 것들로 변형된다. 그 풍부한 이미지 가운데 가장 빈번하게 나타난 것이 아마도 시인 자신의 정신적 표지標識를 함축하는 '나무'였을 것이다. 이는 나무가 정신적 고처를 상징하는 데 알맞은 외관과 생태를 갖추었고, 우리 가까운 곳에서 구체적으로 조우하기 쉬운 친숙한 생명체였기 때문일 것이다. 장하빈 시인 역시 소나무의 생태와 외관을 통해 우리가 궁극적으로 가닿고자 하는 신성하고도 높은 차원을 명상한다. 해 질 녘 솔밭 구릉으로 바람 산책 나와 동네를 굽어보면서 "높은 가지에 둥지 틀고 밤낮 움츠렸던" 지난 시절을 회상하면서, 지난겨울 삭풍에 휘어진 마을길과 당산 느티나무

가 오랫동안 거느려 왔을 길과 집들을 경이롭게 바라본다. 그렇게 숲에 안겨 모든 그림자가 사라지는 순간, 고요히 명상하는 소나무들을 바라보면서 삶과 죽음이 까치걸음 몇 발자국 간극으로 늘어선 것을 생각한다. 그때 바깥소식이 손바닥 안에 환히 들이비치는 순간을 경험하면서 시인은 자연 사물에 순응하면서 생의 근원을 사유하는 과정을 '소나무 명상'이라 명명한다. 이러한 경험을 통해 "하늘다람쥐와 눈이 딱, 마주치자/ 주웠던 도토리/ 도로 슬그머니"(「입산 금지」) 내려놓기도 하고 "수백 년 살아 숨 쉬던 마을 숨구멍이 삽시간에 사라진"(「사라진 숨구멍」) 순간을 아프게 기록하기도 하는 것이다.

> 오늘 까치가 날아와 유리창에 입맞춤하고 갔다. 우리 집 거실창 안에 환히 들이비친 감나무 앉으려다 날개 부딪친, 저 하얀 비명!
> 얼마나 콩닥거렸을까? 엉겁결에 까치는 대문간 드리운 소나무 올라앉아 놀란 가슴 쓸어내리고 동구나무 쪽으로 날아갔다.
>
> 내 어찌 모를까? 저 눈먼 새가 제집 잘못 찾아온 게 아니라, 이 몹쓸 것이 숲속 옛 둥지 차지해 남쪽으로 창 하나 걸어 두고 사는 것을. 한데 또 어쩌랴! 저 가여운 새가 유리창에 쿡! 몸도장 찍어, 공산에 깃들인 내 생의 진경산수화 완성하는 것을.
>
> ―「낙관」 전문

한 마리 까치가 날아와 유리창에 부딪쳤다. 투명한 유리를 지나 거실창 안에 들이비친 감나무에 앉으려다가 날개를 부딪친 모양이다. 이때 까치가 내지른 하얀 비명은 시인으로 하여금 "얼마나 콩닥거렸을까?" 하는 연민의 마음을 가지게 한다. 정작 놀란 건 시인이었겠지만, 그는 대문간 소나무에 올라앉아 가슴 쓸어내리고 동구나무 쪽으로 날아간 까치의 마음을 헤아려 본다. 생각해 보면 까치가 잘못 찾아온 게 아니라, 자신이 숲속의 옛 둥지 차지하고 유리창 걸고 살았기 때문이 아닌가. 그래서 시인은 까치가 오히려 유리창에 몸도장을 찍어 '진경산수화'를 완성한 것으로 생각을 돌린다. "하얀 비명"과 "진경산수화" 사이에 펼쳐져 있던 물리적·상징적 간극은 그 순간 화해롭게 말소된다. 비명悲鳴/비명碑銘이 '몸도장'으로 찍힌 순간을 상상하면서 시인은 고통을 통해 다다르는 "공산에 깃들인 내 생"의 진경眞景을 포착해 낸 것이다. 이렇게 시인은 "아침밥 지을 때 참새와 까치 감나무 앉았다 가고// 점심밥 지을 때 바람과 햇살 안마당 졸다 가고// 저녁밥 지을 때 노을과 어머니 울타리 맴돌다"(「밥 손님」)가는 순환적 시간을 통해 "세상 붉은 먼지 물어다 허공에 절 한 채 지었다 허무는"(「까치의 봄날」) 삶을 관조하는 넉넉한 품을 이어 간다. "한낮엔 채마밭 가꾸고 달밤엔 다락방 뒹구는"(「나는 개똥철학자」) 삶이 그 품을 더욱 넓게 만들어 준다. 한결같이 "저녁 밥상 밀치고 창밖 내다보면 감나무 꼭대기 대롱거리는 까치밥"(「주석날」)을 소중히 여기면서 "코뚜레 꿰인 소의 그렁그렁한 눈망울"(「달의 수레바퀴 끌고 간」)을 닮은 달빛이 "울타리에, 맷돌에, 마당에 하얗게 서린"(「도둑눈」) 잔잔한 풍경을 바라보는 느릿하고 적적하고 평화로운 삶이 아닐 수 없을 것이다. 그렇게 자연 사물이 찍어 놓은 낙관落款들을 생의 새로운 흔적이자 표지로 삼고 살아가는 시인의 모습이 선연하게 비쳐 온다.

> 가을 햇볕에 말린 탱자차 끓이는 동안
> 다락에 올라앉으면
> 눈썹에 뜨거운 이슬 맺힌다
>
> 새 한 마리 어디서 왔는지
> 휘파람 불며 허공을 날기 시작한다
>
> 온 집 안에 차 우려내는 내음 진동하고
> 탱자나무 가시에 찔려 죽은 어린 새 깃털 하나
> 공중 파도타기를 하는 것이다
>
> 눈 깜짝할 새,
> 코앞에 물어다 놓은 둥근 찻잔 속
> 따스운 알 품고 간 새 발자국 찍혀 있다
> ―「찻잔 둥지」 전문

정지용의 「인동차忍冬茶」를 연상케 하는 이 시편은, 가을 햇볕에 말린 차를 끓이면서 경험한 환각적이고 정갈한 생의 감각을 노래한다. 차가 끓는 동안 다락에 올라앉아 시인은 눈썹에 맺힌 "뜨거운 이슬"을 발견한다. 그때 어디선가 날아온 새 한 마리가 휘파람 불며 허공을 날고, 온 집 안을 감싸 안는 차 내음 사이로 탱자나무 가시에 찔려 죽었을 어린 새 깃털 하나가 공중에서 파도타기를 한다. 그러고 보니 끓고 있는 차가 '탱자차'라는 생각이 뒤미처 따라오면, 이러한 눈 깜짝할 순간의 상상은 "코앞에 물어다 놓은 둥근 찻잔"이 결국 따스운 알 품고 간 새의 둥지였음을 비유하는 쪽으로 나아가게 된다. 그 찻잔 안에는 새가 남기고 간 '발자국'이 선명하게 찍혀 있지 않은가. 일찍이 하이데거M. Heidegger는 우리에게 말 걸어오는 존재의 '소리Stimme'에 응답하는 것이 시의 임무라고 이야기한 바 있는데, 이 시편에서 시인이 그려낸 새의 움직임 역시 어떤 신성하고 근원적인 존재가 말 걸어오는 것을 시인이 받아 적는 풍경과 흡사해진다. 말하자면 이 환상적이고 근원적인 작품은 "땅을 하늘처럼 섬기고"(「개 짖는 소리」) 살아가는 사람들에게는 자연 사물이 바로 시원적 형상을 드러내는 계시적 역할을 한다는 것을 다시 한 번 섬세하게 알려 준다. 자연 사물을 통해 듣는 심미적 비의秘義가 구체적 형상으로 나타난 것이다.


3. 기억과 귀소의 시학

우리가 잘 알듯이 '기억'이라는 운동은, 서정시가 구현하는 시간 예술적 속성을 한껏 충족하면서, 한편으로는 인간의 가장 깊고 오래된 근원을 유추하게끔 하는 유력한 형질로 기능한다. 그만큼 기억은 서정시가 오랫동안 다져온 핵심 기율이기도 하고, 망각된 것들을 복원하는 경험적 방법론이기도 하다. 장하빈 시인은 누구보다도 깊은 기억을 통해 자신을 가능케 했던 존재론적 기원origin을 사유하고 있다. 깊은 근원적 기억과 사물에 대한 오롯한 감각이 어우러져 만들어 낸 삽화 한 편을 읽어 보자.

> 신발 끈 매고 삽짝 나설 때 천지간에 다가오는 山
> 가쁜 숨 고르며 산길 쉬어 갈 때 옆자리 척 걸터앉는 山
> 싸늘한 도시락밥 펼쳐 놓을 때 떡갈잎 떨구는 山
> 저물어 집으로 돌아올 때 저수지 속으로 갈앉는 山
> 발 씻고 저녁 밥상머리 앉을 때 울컥 치미는 山
> 에굽은 꿈길 허위단심 걸어갈 때 가슴 허무는 山
>
> 아, 천지갑산天地甲山 몸 바꾼 어머니!
> ―「천지갑산」 전문

여기서 '山'은 여러 내러티브를 내장한 상징군群으로 다가온다. 시인의 하루를 따라다니는 동반자이기도 한 '山'은, 신발 끈 매고 삽짝 나설 때부터 산길을 걷고 저물어 돌아올 때까지 견고하게 동행을 한다. 그러니 '山'은 천지간에도 있고 가장 가까운 곁에도 있다. 목 안에 치미는 것과 가슴 허물어뜨는 것을 동시에 허락한다. 그렇게 편재적遍在的인 '山'은 어느새 "천지갑산天地甲山 몸 바꾼 어머니"로 변형되는데, 곧 '山'이 '어머니'라는 근원적 발원처로 차원을 바꾼 것이다.

오지를 상징하는 '三水甲山'을 '天地甲山'으로 바꾼 것도 착상이 재미나거니와, 시인은 오랜 '어머니'의 기억을 통해 현실에서 벗어나 원초적 시간으로 귀환하려는 의지를 보여 준 것이다. 외따로 떨어져 있던 '山'과 자신 사이에 유추적 연관을 만들어 낸 것도 이러한 기억의 매개가 있었기 때문이다. 이렇게 시인은 새삼 "낡은 기억의 불씨 지피"(「강설」)면서 "소꿉놀이 시절, 내 사랑의 은신처요 환한 통로"(「곰배의 추억」)를 회억回憶하기도 하고, 궁극에는 '어머니'의 말년을 기록한 '미내미댁' 내러티브를 통해 "꽃비 속으로 홀연히 떠나가신 울 오매"(「미내미댁·3」)를 선연하게 기억하고 "아름드리 도래솔 잘라 매만지고 다듬어/ 앉은뱅이탁자 하나"(「미내미댁·3」)를 만들어 소나무 숨결 무늬를 어루만지는 행위를 통해 어머니를 기억한다. 이 모든 것이 자신의 존재론적 기원을 탈환하고자 하는 상상적 실천일 것이다. 그리고 시인은 곳곳에서 "할머니 등 굽은 말씀"(「쇠똥에 대한 기억」)이나 "살아생전 아버지 준엄한 말씀"(「입춘대길」)을 듣고 있는데, 이 어르신들의 소중한 말씀을 통해 자신을 가다듬고 성찰하는 견결한 태도를 일관되게 보여 주기도 한다.

  아궁이에 군불 지피면 안다
  불길과 연기 내통하는 길 있다는 것을
  참나무 장작 꾸역꾸역 밀어 넣으면 안다
  구들장 아래 방고래로 불길 보내기 위해서
  때때로 바닥에 엎드려 눈물 쏟아야 한다는 것을

방 아랫목 싸늘해진 새벽녘 깨어나
캄캄한 아궁이 들여다본다
산다는 것, 이렇게 검게 속 태우는 일이거나
불구덩이 뛰어들었다가 연기처럼 사라지는 일이라며
산더미처럼 쌓인 죄罪 푹푹 퍼 담는다
—「부지깽이 전언傳言」전문

 시인은 아궁이에 불을 지피다가 불길과 연기가 내통하는 길이 있다는 것을 알아 간다. 참나무 장작을 아궁이에 밀어 넣다 보면 구들장 아래까지 불길 보내려고 바닥에 엎드려 눈물을 쏟는 과정이 있음도 차차 알아간다. 이때 시인이 엎드린 '바닥'이란, '바닥basis'과 '바닥bottom'을 동시에 함축한다. 가장 아랫자리까지 내려가는 것만이 든든한 삶의 기초를 세울 수 있다는 믿음이 그로 하여금 현상적이 아닌 근원적 상상력을 가지게끔 한 것이다. 그리고 지속적으로 삶의 외곽을 탐사하고 궁극적으로는 견고한 중심 가치에 도전하게끔 한 것이다. 방 아랫목이 싸늘해진 새벽에 깨어나 캄캄한 아궁이를 들여다보며 시인은 "산다는 것"이 검게 속 태우는 일이거나 불구덩이 뛰어들었다가 연기처럼 사라지는 일이라는 것에 상도想到하면서 "산더미처럼 쌓인 죄罪"를 반성적으로 반추한다. 이러한 반성적 사유 역시 시를 통해 자신의 기원을 상상하고 현재 자신의 삶을 새롭게 구성하려는 시인의 의지가 반영된 결과일 것이다.

 번개와 천둥 잦아드는 고갯마루, '팔공1' 막차 기다리

는 사이 '하양1' 버스가 괴나리봇짐 진 노인네 몇몇 내려
   놓고 뭉그적뭉그적 돌아나간다.

   　십구공탄처럼 활활 타오르던 문청文靑 시절, 시내버스
   뒷자리 앉아 온종일 덜컹대다가 변두리 종점에 가닿았던
   가? 찬바람 새어 드는 아리랑여인숙 외딴방, 그 머리맡에
   놓여 있던 우그러진 주전자와 포개진 신짝이여! 낡은 바람
   벽에 눈보라 몰아치고, 싸륵 싸르륵 문살 갉아먹는 소리
   들으며 사랑한다 사랑한다 사랑한다 긴 밤 하얗게 밝히던
   어지러운 낙서여!

   　종점! 나직이 중얼거려 보는 이 유폐된 시간 풍경 앞에
   는개 몰려오고 가로등 젖은 불빛 파닥이며 날아오르는, 그
   아련한 추억의 귀소歸巢.
   　　　　　　　　　　　　　　　　　—「능성동 종점」 전문

　이 시편은 "소나무 성城으로 에워싸인 고개티마을"(「능성
동能城洞」)의 기억을 되살리면서, '종점'이라는 상징을 통해
궁극적 생의 지점을 상상한 아름다운 작품이다. 기억의 형식
이 공간화한 상관물로 나타난 '종점'은, 국외자局外者 이미지
를 더욱 강화해 주는 장소로 표상된다. 번개와 천둥 잦아드는
고갯마루에서 막차를 기다리다가, 시인은 활활 타오르던 문
청 시절이 오버랩 되는 것을 느낀다. 그 시절 그는 시내버스
뒷자리 앉아 온종일 덜컹대다가 변두리 종점에 가닿았을 것
이다. 찬바람 드는 아리랑여인숙 외딴방 머리맡에 놓여 있던
주전자와 신짝이 그때 그 누추했던 젊음에 확연한 물질성을

부여한다. 백석 시편 「남신의주유동박시봉방南新義州柳洞朴時逢方」에서처럼, 습내 나는 춥고 누긋한 방에서 눈보라가 문살 갉아먹는 소리를 들으면서 젊은 청년은 '사랑한다' 라는 낙서를 밤새도록 반복적으로 적어 갔을 것이다. 이때 '종점'은 바로 이렇게 유폐된 시간 풍경의 은유로 다가온다. 시인은 그 아련한 추억의 귀소를 아름답고도 남루한 영상으로 복원한 것이다. "능성마을회관 부서진 문짝으로, 저 혼자 타들어 가는 석양볕"(「굴뚝은 수도승」) 역시 그러한 영상의 등가적 상관물로 시집 안에 홀연히 담겨 있다. 결국 "세찬 바람 소리/ 천장이 울고/ 짐승의 애잔한 울음"(「얼어붙은 입」) 소리가 들리는 곳, "혼자 집 지키는 날은/ 목조 벽 내지르는 외마디에 가슴 덜컹 내려앉다가/ 지붕 위 쫑쫑대는 까치 발소리에 귀 쑥쑥"(「천장 높은 집」) 자라는 곳, 바로 그곳이 시인 장하빈이 깃들어야 할 궁극의 거소居所였던 셈이다. 이때 귀소歸巢는 존재의 근원으로 회귀하려는 형이상학적 열망을 수반하면서, 시인 자신의 존재론적 기원을 상상적으로 탈환하는 방향을 취하게 된다.

옥타비오 파스Octavio Paz는 '시詩'의 시간을 날짜 없는 시간이자 원초적 시간이라고 말한 바 있는데, 장하빈 시편은 표층적 형상으로는 본래면목本來面目을 파악하기 어려운 이러한 근원 지향의 사유를 일관되게 보여 준다. 이때 그의 기억은, 나날의 삶을 규율하는 합리적 운동 형식이 아니고 고고학자의 시선처럼 오랜 시간을 순간적으로 구성해 내는 힘을 뜻하게 된다. 그래서 그의 기억은 동일성의 감각에 의해 발원되고 구축되는 시적 언어의 구성 원리가 된다. 우리가 '기억(회감)'의 원리를 서정시의 핵심으로 본 에밀 슈타이거Emil Staiger의 말을 이 순간만은 수긍하지 않을 수 없는 것도, 장하빈 시편 같은 엄연한 실재들이 있기 때문이 아닐까 한다.

하지만 그에게 어찌 외로움이 없겠는가. 그는 온종일 "내 귀는 문간 우편함에 걸려"(「집배원 오는 시간」) 있다고 말하면서 세상과의 소통을 갈망하기도 하지 않는가. 아니 어쩌면 가장 깊은 곳에서 "내 일찍이 숨은 광기 드러내 본 적 있었던가?"(「사철나무 동안거冬安居」)라고 외치고 있을지도 모르지 않는가. 하지만 그는 자발적으로 택한 존재론적 고독과 외따로움이, 더없이 깊은 기원과 궁극에 가닿기 위해 치러야 할 가혹한 대가代價임을 지속적으로 고백한다. 그러한 시정신이 그로 하여금 균형과 절제의 시편을 쓰게 하고, 광장의 소란함에서 벗어난 산속의 고요로 깃들이게끔 한 것이다. 그래서 그는 여항閭巷의 소음과 결별한 채 잔잔한 고요와 비애를 지켜가는 작법을 통해 더욱 낮은 목소리로 생의 저지대를 응시해갈 것이다.

우리가 잘 알듯이, 서정시의 본래적 목표는 시인 자신의 절실한 자기 확인 욕망에 있다. 그것이 나르시시즘 차원이든, 성찰과 갱신을 수반하는 것이든, 서정시의 초점이 시인 자신의 자기 확인 욕망에 놓여 있음은 췌언의 여지가 없는 사실일 것이다. 물론 최근 시인과 사물 사이의 날카로운 균열을 포착하는 아이러니 혹은 반反동일성의 미학이 점증漸增하고는 있지만, 아직도 서정시의 이러한 근원적인 자기 회귀적 속성은 줄어들지 않는다. 이러한 자기 회귀성이 서정시의 가장 기본적이고 궁극적인 속성임에 비추어, 우리는 시인 자신의 시선으로 사물의 고유성을 발견하고 그 응시의 힘으로 삶의 태도를 성찰해 가는 장하빈 시학의 미래도 훔쳐볼 수 있을 것이다. 결국 그는 지속해 갈 시작을 통해 존재론적 기원과 궁극을 더욱 깊이 사유하고 실천해 갈 것이다. 그럼으로써 생의 후반부에 허락된 이 벽지의 시학을 심미적으로 완성해 갈 것이다. 그 깊은 성찰의 힘으로 자연 사물에 활력과 생명을 불어넣는 상상력의 확장 과정을 치러나갈 것이다. 장하빈 시인이 이루어 갈 시적 진경進境을 깊은 마음으로 소망하는 소이연이다.

시인 장하빈

본명 장지현
1957년 경북 김천 대덕 출생
1980년 경북대학교 사범대 국어교육과 졸업
1997년 계간『시와시학』신인상 등단
2004년 시집『비, 혹은 얼룩말』출간
2008년 대구 경명여자고등학교 명예퇴직
2012년 시와시학 동인상, 대구시인협회상 수상
현재 팔공산 '다락헌'에서 시작으로 소일

이메일 jhabin@hanmail.net
블로그 http://blog.naver.com/jhabin



## 까치 낙관

지은이 | 장하빈
펴낸이 | 김재돈
펴낸곳 | 도서출판 시와시학
1판1쇄 | 2012년 8월 30일
1판2쇄 | 2012년 12월 10일
출판등록 | 2010년 8월 10일
등록번호 | 제2010-000036호
주소 | 서울 종로구 명륜동1가 42
전화 | 744-0110
FAX | 3672-2674

값 10,000원

ISBN 978-89-94889-37-5  03810

\* 저자와의 협의에 의해 인지를 생략합니다.
\* 잘못된 책은 바꾸어 드립니다.